Heike Haas

Die Autorin Heike Haas ist Berufsschullehrerin im Fachbereich Gartenbau und lebt in Lahnstein.

Im vorliegenden Buch schildert sie ihre Empfindungen bei den zahlreichen Erscheinungen des herannahenden Abends, sowie dem Übergang vom Abend zur Nacht: wie die Sonne untergeht, der Mond seinen Lauf begeht und die Sterne im All aufleuchten. Eigene Fotografien runden das Werk ab.

Die Beschreibungen erfolgen in Gedichtform. Hierbei kommen meist Gedichte mit Reim, aber auch solche ohne Reim, Silbengedichte, Elfchen oder Haiku (nach japanischem Vorbild) zum Einsatz. Die Gedichtformen werden im vorliegenden Buch, S. 66/67 kurz erklärt und je ein Gedichtbeispiel zugeordnet.

Am Ende des Buches finden Sie auch ein Foto-, Kapitel-/Titelverzeichnis, sowie ein alphabetisches Verzeichnis aller verwendeten Titel.

Heike Haas

Insel im Kobaldblau

Vom Abend zur Nacht

Gedichte

Titel: Nachthimmel über dem Rhein bei Braubach

Von Heike Haas ist bei BoD erschienen (2020):
Erleben Sie die Jahreszeiten am Mittelrhein
ISBN 9783750418981

Bibliographische Information der Deutschen
Nationalbibliothek: Die Deutsche Nationalbibliothek
verzeichnet diese Publikation in der Deutschen
Nationalbibliografie; detaillierte bibliografische Daten
sind im Internet über dnb.dnb.de abrufbar.

Herstellung und Verlag BoD -
Books on Demand, Norderstedt

ISBN: 9783752628319

Heike Haas

Insel im Kobaldblau

Vom Abend zur Nacht

Gedichte

Farbiger Abendhimmel

1. Vom Abend zur Nacht

Abend am Fluss

Kormorane fliegen
dicht über dem Fluss.

Strom und Ufer liegen
in innigem Kuss.

Bis die letzten Strahlen weichen,
sich nur noch die Höh'n erhellen.

Lass' noch etwas Zeit verstreichen,
vergeht das Glitzern auch der Wellen.

Zur Nacht

Sitze im Garten,
nah' schon die Nacht.
Sterne kehr'n wieder
mit aller Macht.

Vöglein erwarten
mit mir nur Ruh' -
Dunkel sinkt nieder
leis' immerzu.

Wenn sie mich einhüllt,
Finsternis schwer,
fühl' ich nach innen
tief wie das Meer.

Das Wolkenband

Ein blauer Wolkenpfeil bringt Schafe mit,
sie ziehn umher in Herden milchig grau.

Bis alle Schafe sanft geglättet sind,
da wird der Himmel dunkler, samtig blau.

Abklingendes Gewitter

Feuer dort hinter dem Bergwald:
rot steigt es auf in die Kluft.
Wetterleuchten, es folgt bald,
aufblitzt der Schein in der Luft.

Grollen des Donners von weit her,
Regen fällt schwer auf den Teich.
Zuckende Blitze vergehn quer,
Hagel bricht nieder sogleich.

Abend im Rheintal

Wolken ziehn vorüber,
dunkelblaues Band;
hinter'm Bergkamm leuchtet
scharlachroter Brand!

Blau mit Grau sich breitet
über'n Himmel aus;
und das Rot sich weitet,
strömt ins Tal hinaus!

Kühler Sommerabend

Der Tag war glühend heiß,
ist doch der Abend kühl:
denn Wind streift im Geleis'
nur flach und ohne Ziel!

Er fächelt um mich hin,
sanft meine Haut berührt;
auch ist es ein Gewinn,
wie man die Frische spürt!

Nach diesem Sommertag
erhole ich mich ganz;
und das, was ich jetzt mag:
des Windhauchs kühler Tanz!

13

Sommernacht

Abendstille, Sonne sinkt
hinter schattenblaue Wälder;
Lied der Nachtigall erklingt
aus Gebüschen naher Felder.

Dunkelheit umhüllt das Haus,
Gärten tragen rote Glut;
Kühle weht vom Boden aus,
stillt das wilde heiße Blut.

Hochsommernacht

Dämmerung
bricht bald herein

Schwarz steht der Wald
schablonenhaft

Das Rot des Horizontes
verblasst

Wenige Vögel zwitschern
noch verhalten

Kein Mond
beleuchtet diese Nacht

Zur Sommernacht

Nach einem sonnigen Tag
schreitet der Abend heran;
hellblau der Horizont steht,
weiß dort ein Wölkchen hin weht.

Wann kommt das Dunkel, ja wann?
Nacht, dein Geheimnis ich mag!

Die Nacht

Tief wie das Meer ist die Nacht.
Lasse dich sinken nur sacht.

Schwere, sie lastet auf dir,
hält dich geborgen. Verlier'

deine Gedanken, dein Müh'n -
lasse dies alles hin ziehn -

tief wie das Meer ist die Nacht,
die uns beschützt und bewacht.

Sonnenuntergang

2. Die Sonne geht unter

Auf der Dachterrasse

Letzte Sonnenstrahlen
flirren über Hausdächer hin.

Immer tiefer sinkt die Sonne
hinter den Horizont der Bergkette hinab.

Noch wärmt die Sonne,
noch verbreitet sich das leuchtende Orange
nach allen Seiten hin über die Bergwelt.

Bald wird es dunkel sein,
es ist schon empfindlich kühl.

Eine klare kalte Nacht im Mai steht bevor.

Ein Sommerabend

Wolkenfelder in Grau und in Weiß
vor meinen Augen hin ziehn!

Sonnenstrahlen in Schleierwolken
leuchtend erglühn!

Vögel zwitschern im Garten: Amselgesang!

Auf der Terrasse hier bleib' ich
mein Leben lang!

Sonnenuntergang

Wo die Sonne war

Bleibt ihr rosa Horizont

Noch lange bestehn

Rote Sonne

Rote Sonne
Wenn du schwindest
Leuchtet weit der Himmelskranz

Rote Sonne
Dass du findest
Kraft zu diesem Abschied ganz

Rote Sonne
Was du kündest
Ist des Untergehens Glanz

An einem Sommerabend

Zögernd tritt die Sonne ab,
lange noch im Westen bleibt;
sinkt den Horizont hinab,
rote Glut sich einverleibt.

Weiße Wolken oben schweben
in dem blauen Firmament;
Formen fangen an zu leben,
die auf Erden niemand kennt.

Auch ein wenig dunkles Grau
mischt dem Himmel sich hinzu;
feierlich ein samtig' Blau
führt uns in die Abendruh'.

An einem Abend im August

Schön ist der Abendschein,
leis' geht die Sonne heim.

Rötlich das späte Licht,
scheint dir ins Angesicht.

Flirrende Strahlen sprühn,
über den Wäldern glühn.

Bergketten dunkelgrau,
Himmel in hellem Blau.

Nur zarte Wölkchen ziehn,
weiß filigran sie fliehn.

Bald tritt das Dunkel ein,
leuchtet des Mondes Schein.

Spätsommer

Stille

Am Abend

Warm die Strahlen

Der hoch stehenden Sonne

Spätsommer

Spätsommerstunde

Abendsonne glitzernd

über'm Wasser liegt.

Sperlingsvogel zwitschernd

durch Gebüsche fliegt.

Diese eine Stunde

schaue ich ihr zu,

wie sie macht die Runde -

Sonne sinkt im Nu.

Herbstabend

Horizonte flimmern,

rot sind sie sie erhellt.

Weiße Wölkchen schimmern

über Flur und Feld.

Sonne ist vergangen,

nur ihr Schein noch bleibt.

Nacht kommt leis' gegangen

und das Licht vertreibt.

Eisiger Himmel

Weiße Wölkchen schippern
am Himmel hoch daher;
eng gedrängt sie flippern
dahin in blauem Meer!

In der weiten Ferne
gewölbter Himmelsbahn
brennt noch die Laterne,
schwillt voller Leuchtkraft an!

Um den goldenen Wirt
sich Schäfchen siedeln an:
die Herde und ihr Hirt
voll' Vertrauen voran!

Eisschollen sehen herab
und schimmern wie ein Kristall,
treiben dahin fernab
zuhause überall!

Mond über der Burg Lahneck

3. Unser Mond

Vom Abend zur Nacht

Sichelmond von hellem Blau umhüllt,
Horizont mit rotem Dunst gefüllt!

Der Abend mündet in die kühle Nacht,
die tausend Sterne funkelnd klar entfacht!

Und unser Mond ist sacht' herab gesunken,
er hat der Sonne helles Licht getrunken!

Unser Mond

Du heller Mond am Himmelszelt:
verzauberst wohl die ganze Welt.

Mit deinem klaren reinen Schein
dringst du in unsre Herzen ein,

die dich sehnend nun betrachten,
dabei deinen Weg beachten:

wie du ziehst am Firmament,
fällst und steigst, wie man es kennt,

und nimmst dabei an Umfang zu,
als runder Vollmond leuchtest du,

und nimmst du bis zur Sichel ab,
erscheinst du uns schon bald fernab.

Du, Erdenmond und Himmelsstern:
dich seh'n wir immer wieder gern!

Blasser Mond

Blasser Sichelmond
in hellblauem Grund:
allmählich steigt du
den Himmel rund!

Blaugraue Schichten
der Länge nach ziehn:
und unser Mond,
er beginnt jetzt zu glühn!

Silbermond

Lebensfern der Berg
Weiß überhöhte Gipfel
Graue Steinblöcke

Über allem steht
Am hohen Himmel der Mond
Mit hellem Schimmer

Filigran und leicht
Zieht er schmal am Firmament
An Gipfeln vorbei

Über Eiswelten
Schwebt silberfarben die Form
In ihrer Hülle

Zartes Zauberlicht
Umgibt die schmale Sichel
Unscharf violett

Winterabend

Der Wintertag war hell und klar
Sein Licht ist schnell vergangen
Die Sonne längst hinab gesunken
Friedlich tritt nun die Nacht herein
Ins azurblaue Himmelszelt

Der rötlichgelbe Wolkenstreif
Liegt auf dem Bergkamm ausgestreckt
Ein kleiner Stern leuchtet hindurch
Sein weißes Feuer durchdringt
Das luftig zarte Gespinst

Mit scharfen silbrigen Konturen
Leuchtet nun der Sichelmond
Die Rundung nach unten gewölbt
Wie an den Enden aufgehängt
Mit unsichtbarem Himmelsgarn

In seiner scheinbaren Nähe
Prangt nun ein großer goldener Stern
Unerschütterlich und mächtig
Und mit feierlicher Ruhe
Blickt er auf diese Erde herab

Zehn Uhr abends

Zehn Uhr abends: Tages Ende,
eine Glocke schlägt zur Nacht.
Mond hoch oben scheint zur Wende,
hält am Himmel stille Wacht,

dass der Mensch nun Ruhe finde
und sich fallenlassen darf,
mit dem Dunkel sich verbinde -
sinke er in tiefen Schlaf!

Vollmond

Über den Bergen steht glänzend der Mond,
sein rundes Gesicht aus dem Dunkel erstrahlt.
Umgeben von Wolken er leuchtend dort thront,
als hätte ein Künstler aus Licht ihn gemalt.

Mit Wohlwollen schaut er zur Erde herab,
er füllt nun mit goldenem Schein diese Welt.
Den lebenden Wesen gibt Hoffnung er ab,
die tröstend zum nächtlichen Traum sich gesellt.

Spätsommerabend

Sommer geht zu Ende,
fern der Vögel Lieder.

Kühle Luft und Stille -
Abend senkt sich nieder.

Wasser ruht im Teiche.
Mond, er leuchtet wieder.

Insel im Kobaldblau

Wie eine Insel im Kobaldblau
steht nun der Vollmond am Himmelszelt.
Zitronengelb leuchtend, mit ganz wenig Grau,
präsentiert er sich strahlend der ganzen Welt!

Des Himmels so kostbare nachtblaue Seide
verwandelt sich fließend in schwarzen Samt.
Der Mond geht in seinem Festtagskleide,
er leuchtet nun silberner insgesamt!

In unsere Herzen, da scheint er hinein
mit seinem so zarten und tröstenden Licht.
Im Dunkeln, da lässt er uns niemals allein,
zeigt immer sein liebes und treues Gesicht!

Die Weite des Himmels

4. Sterne im All

Abendrot

Fern das Abendrot

Schon schimmern hell die Sterne

Im Dunkel der Nacht

Abendhimmel

Von hell' zum satten Blau der Nacht:
der erste weiße Stern dort blinkt,
und wenn es dunkler wird mit Macht,
das letzte rote Licht versinkt.

Der Vollmond aus der Schwärze steigt,
und leuchtend steigt er höher auf,
bis er sich wieder abwärts neigt,
beendet fern den Himmelslauf.

Der ganze Weltenraum liegt still,
berührt nur von des Mondes Glanz;
mit allen seinen Sternen will
er ruhen in der Tiefe ganz.

Novembernacht

Der Orion steigt
seine Bahn herauf;
die des Mondes neigt
sich zum Abwärtslauf!

Dunkle Nacht sinkt ein
schwer zur späten Stund';
wir sind nicht allein:
schau', der Mond ist rund!

Kühle Brise weht,
Wolken ziehn in Grau;
Rigel südwärts steht -
Mond in sattem Blau!

Es wird Herbst!

Der Wind geht böig, forsch und kühl,
verweht in den Septemberabend.
Die Tage sind nun nicht mehr schwül,
der Herbst kommt rasch heran, nicht zagend.

Schon färben Blätter sich zu Rot
in freier Landschaft, Flur und Feld,
wie es die Jahreszeit gebot -
das zeigt uns an den Lauf der Welt.

In Streifen ziehen Wolken auf,
in freier Fahrt sie sich verzehren
bei ihrem sanften Himmelslauf,
an andrer Stelle sie sich mehren.

Und leise zieht die Nacht herein
dann über unser schönes Land.
Bald werden Sterne sichtbar sein
in einem hellen Himmelsband.

Der Traum

Das Universum ist weit
Tief sind die Ozeane
Meine Gedanken driften
In unendliche Fernen

Der Schlaf trägt mich in Tiefen
Geheimnisse des Weltalls
Mit sensiblen Antennen
Erträume ich mein Leben

Der weite Himmel

Der weite Himmel
Bildet für uns ein Schutzschild
Hütet das Leben

Ziehende Wolken
Gräulich weiß am hohen Zelt
Lassen uns träumen

Sterne des Himmels
Vertraut steht ihr hoch oben
Bewacht unsern Schlaf

Rätselhaftes All
Der Kosmos als Schöpfungsort
Des Lebens an sich

Sterne

Tausend klare helle Lichter
sind am Himmel aufgehängt.

Diese goldnen Nachtgesichter
haben unsren Tag verdrängt.

Und ihr Licht strahlt in die Ferne,
dreht sich zu dem Weltall hin.

Dies Ereignis schau' ich gerne,
da ich auch ein Teilstück bin.

Sternennacht

Die dunkle klare Winternacht
hat tausend Sterne aufgespürt,
die in der Ferne halten Wacht,
vom Glanz des Mondes zart berührt.

Leuchtende sprühende Sternenlichter
in Weiß und in Gelb stehn am Himmelszelt.
Vom Kosmos als strahlende ferne Gesichter
sie blicken herab auf die nächtliche Welt.

Ihr Sterne ferner unendlicher Weiten
stets wirktet auf alles Lebendige ein,
umrundet nun auch zu unsren Zeiten
die Erde, und mit ihr unser Sein.

Winterhimmel

Am Horizont sich ein zartrosa Streif
in die Kämme der dunklen Berge verwebt.

In Helltürkisblau ein schimmernder Reif
eiskalt und fröstelnd darüber schwebt.

Im dunklen Gefild' der Kometenschweif
auf dem Weg in das All immer weiter strebt.

In der Winternacht

Die klare helle Winternacht,
sie führt mich tief ins All hinein:
wo Sterne halten stille Wacht,
darf ich ein Teil des Kosmos sein!

Als Kind der Erde steh' ich hier,
an deren Masse fest gebannt,
und schaue auf das helle Tier,
als Himmelszeichen wohlbekannt!

Der weite Sternenhimmel scheint
mit tausend Sonnen zu erglühn;
und jeder, der ihn ansieht, meint,
dass ferne Welten Lichter sprühn!

Ein Teil des Kosmos darf ich sein
in dieser klaren Winternacht;
sie führt mich tief ins All hinein,
wo Sterne halten stille Wacht!

Abendstimmung

5. Abendruhe

Weiße Rose

Die Sonne glüht,

doch langsam schwindet.

Im Schatten blüht

die Rose weiß.

Ihr Duft verkündet

das Dunkel leis'.

Sommerabend

Wolken weiß und blau
Ziehen sacht vorbei
Sonne strahlt hindurch

Säuselt leicht der Wind
Zart die Haut berührt
Angenehm umhüllt

Wasserpflanzen ruhn
In dem Teich zur Nacht
Bergen Blütenflor

Rosenduft streift süß
Meinen Gartenplatz
Leben ist im Fluss

Abends auf der Terrasse

Ein graues Wolkenband,
hindurch blitzt rosa Schimmer;
auftaucht der helle Mond
in seinem goldnen Glimmer.

Die Luft umhüllt mich warm;
vom heißen Tag geblieben
ist, dass ein Vogelschwarm
an mir vorbeigetrieben.

Blüte in der Nacht

Der weiße Phlox in hohen
Dolden kraftvoll steht.

Das Dunkel ist mit aller
Macht herein gesunken.

Der gold'ne Mond am samtig
blauen Himmel geht.

Die Blüte hat des Mondes
helles Licht getrunken.

Nach dem Gewitter

Dampfend noch die Luft
Drückt herunter schwül
Steigt der Lilienduft
Windhauch fächelt kühl

Himmel sich bewegt
Dunkel - hell in Grau
Später glatt gefegt
Überwiegt das Blau

Im Teich spiegeln sich
Silhouetten nun
Dunkel kommt auf mich
Nichts bleibt mehr zu tun

Hochsommerabend am Teich

Brütend heiß, kein Lüftchen weht,
Dämmerung tritt ein im Nu.
Alles ruht dem Schlafe zu,
nur der Wasserläufer geht

auf dem Teich, beläuft ihn leicht.
Die Libellen erstmals ruhn,
nichts gibt es für sie zu tun
auf der Wasserfläche seicht.

Als die Nacht herein gesunken,
drückend bleibt der Hitze Last.
Und die Fische schlafen fast,
haben klaren Quell getrunken.

Brütend heiß, kein Lüftchen weht,
alles ruht dem Schlafe zu.
Schwarze Nacht, sie kommt und geht.
Nimm es an, frag nicht, wozu.

Abenddämmerung

Glatt liegt der Spiegel des Teichs,
Seerosenknospen fast zu;
eifrig der Taubenschwanz saugt
an dem Phlox hurtig, im Nu!

Der Wasserläufer still jagt,
fängt bald sein Beutetier ein;
Fische, sie treiben dahin,
jeder für sich ganz allein!

Schatten der Bäume sich spiegeln,
grau stellt der Himmel sich dar;
Ruhe erfasst die Geschöpfe:
Dunkelheit senkt sich, kommt nah!

Tiefblaue Nacht

Ruhe herrscht, nur leises Rauschen
später Züge in der Ferne;
lasst uns in die Weite lauschen
und betrachten Mond und Sterne.

Vögel nur noch wenig singen,
Dämmerung erwirkt die Stille;
Glocken tief im Tal erklingen,
Nacht um uns: tiefblaue Hülle.

Dunkel fließt von fern herein,
legt sich bleiern auf uns nieder;
Müdigkeit sinkt in uns ein,
Schlaf und Traum erfüllt uns wieder.

Ruhe herrscht, nur leises Rauschen
zeugt vom Fließen dieser Nacht:
lasst uns in die Tiefe lauschen,
von der Dunkelheit bewacht.

Herbstwind

Rotkehlchen singen so zart, mit Gefühl
an diesem Abend, früh dunkelnd und kühl.

Wind verweht Laute, wie fern ist ihr Klang:
Glocken, die läuten; der Amsel Gesang.

Dahlien stehen in all' ihrer Pracht;
Frost sie erwartet schon in dieser Nacht.

Zinnien leuchten in Gelb und in Rot,
ahnen noch nicht ihren baldigen Tod.

Abendruhe

Sichelmond und Abendstern
hoch am Himmel stehen dort.
Sind sie auch unendlich fern,
leuchten sie uns immerfort!

Fische sind zur Ruh' gegangen,
und der Teich in Schwärze ruht.
Nach des Tages Hoffen, Bangen
rinnt zur Nacht die stille Flut!

Gedichtformen
(kursiv = Gedichtbeispiele aus dem Buch)

I. ohne Reim:
Verse sind unabhängig vom Reim
Hochsommernacht, S. 15

II. mit Reim:
Unterscheidung nach Versmaßen:
- **Trochäus**: Betonung liegt auf der 1. Silbe;
abwechselnd 1 Hebung, 1 Senkung
Novembernacht, S. 46

- **Jambus**: Betonung liegt auf der 2. Silbe;
abwechselnd 1 Hebung, 1 Senkung
Kühler Sommerabend, S. 13

- **Anapäst**: Betonung auf der 1. Silbe;
abwechselnd 1 Hebung, 2 Senkungen
Abenddämmerung, S. 62

- **Dactylus**: Betonung auf der 2. Silbe;
abwechselnd 1 Hebung, 2 Senkungen
Insel im Kobaldblau, S. 41

III. Silbengedichte:
ohne Reim, aber mit Versmaß:
Sommerabend (Trochäus), S. 57

IV. Elfchen:
besteht aus 11 Wörtern, in der Folge der
fünf Zeilen sind es 1, 2, 3, 4, 1 Wörter
Spätsommer, S. 26

V. Haiku:
besteht aus 17 Silben, in der Folge der
drei Reihen sind es 5, 7, 5 Silben;
Sonnenuntergang, S. 22

Fotoverzeichnis © Heike Haas

<u>Titelbild:</u>
Nachthimmel über dem Rhein bei Braubach

Kapitel- und Titelverzeichnis

Alphabetisches Titelverzeichnis